Calle Mayor, 10

Belén García Abia

Créditos

Dirección editorial: Raquel Varela

Producción: puertoNORTE-SUR, S.L.
Ilustración de interiores: puertoNORTE-SUR, S.L.
Ilustración de cubierta: puertoNORTE-SUR, S.L., Fernando Dagnino.
Diseño de cubierta e interiores: Grupo Adrizar S.L.
Maquetación y armado: Estudio Plural.

© de esta edición *en*CLAVE-ELE / CLE International, 2005

ISBN: 2090341645
ISBN + CD: 2090341653
Nº de editor: 10121782/10121783
Depósito legal: Octubre 2005
Impreso en España por Mateu Cromo
Printed in Spain by Mateu Cromo

Índice

Prepárate para la lectura

1. Mira el dibujo de la portada. Crees que es:

☐ Una historia de amor

☐ Una historia de humor

☐ Una historia de misterio

2. Antes de empezar hay un vocabulario básico habitual en este tipo de historias que debes conocer. De todas estas palabras que te presentamos, marca diez que están relacionadas con las novelas de detectives.

Culpable	Asesino	Pensión	Crimen
Habitación	Testigo	Asesinato	Dinero
Cadáver	Matar	Investigación	Ascensor
Prueba	Sospechoso	Gato	Personaje

3. Lee las siguientes seis definiciones. Escribe en el lugar correspondiente la palabra definida. Las palabras pertenecen a la actividad anterior.

_____ : Persona que está presente en una situación.

_____ : Resultado de matar a alguien.

_____ : Persona que por su comportamiento parece culpable de algún acto.

_____ : Persona que mata a otra.

_____ : Medio que demuestra la verdad o la mentira de algo.

_____ : Persona que ha hecho un daño o mal.

M e llamo Jose: ni José, ni Pepe.[1] Jose, con el acento en la o. Así es como me gusta. Tengo 32 años, cumplidos en mayo. Soy guía turístico, aunque no tengo la licencia, así que **trabajo por mi cuenta**. Consigo clientes, pocos, pero los suficientes como para vivir en Madrid.

Madrid me gusta; al fin y al cabo, es la ciudad en la que nací, vivo y **me gano la vida**. Nací en Vallecas,[2] a dos pasos del estadio del Rayo,[3] equipo al que **sigo con devoción**. Mi barrio no es bonito, desde el punto de vista arquitectónico. Supongo que su magia reside en la gente: esa familiaridad con la que te reciben en los bares o en las tiendas. Tiene mucho en común con un pueblo de Zamora al que suelo escaparme de vez en cuando. Es un pueblo tranquilo, de apenas veinte casas, en el que los vecinos comparten lo poco que tienen.

Me gustaría enseñar mi barrio a los extranjeros

---

[1] Pepe es una forma familiar de llamar a José, como lo es Paco para Francisco. La acentuación coloquial 'Jose', en lugar del habitual 'José', es corriente en algunas zonas.

[2] Vallecas es un barrio del sur de Madrid, famoso por sus vistas de la ciudad.

[3] El Rayo Vallecano es uno de los tres equipos de fútbol más famosos en Madrid, junto con el Real Madrid y el Atlético de Madrid.

que me contratan, pero ellos prefieren el centro con sus monumentos: la Plaza Mayor, la Cibeles o la plaza de España. A veces, cuando el grupo es pequeño les invito a perderse por el mercado de San Miguel[4] y, a continuación, por las calles próximas a la Calle Mayor; mi zona preferida.

Ser guía turístico es un trabajo de gran responsabilidad. Creo que la imagen que trasmitimos es la que los viajeros se llevan a sus países de origen. Por esa razón, me lo tomo con calma y con dedicación. Muestro el Madrid que más me gusta, los lugares que me encanta recorrer; las tabernas,[5] los callejones, las calles, los parques, los edificios que hay que pararse para **admirar**. En Madrid la gente no suele pararse a mirar nada; las prisas, el trabajo, las compras llevan a los madrileños a seguir un **ritmo frenético**, excepto los domingos. En los domingos Madrid se relaja. Se respira tranquilidad por toda la ciudad: ves a la gente pasear con las bicicletas por el Retiro, detenerse ante los **títeres** y los espectáculos callejeros. Otros prefieren ir al Rastro[6] o aprovechan el día gratis de los museos para ver exposiciones. La ciudad se pone en funcionamiento, con un ritmo lento y pausado. Sobre la una se reúnen en un bar a tomar el **vermú** con la **tapa** de chorizo o de paella... Para mí, al igual que para muchos otros, el domingo va unido al periódico dominical. Dedico horas a leer los artículos y las columnas de mis escritores favoritos.

---

[4] Mercado cercano a la Plaza Mayor, construido a principios del siglo XX.

[5] Establecimiento tradicional donde se consumen bebidas alcohólicas.

[6] Mercadillo con más de mil puestos que se organiza todos los domingos por la mañana. Está situado alrededor de la plaza de Cascorro, en el Madrid antiguo.

Capítulo 2

Razones

Escribo desde los quince años más o menos. Es una manera de parar el tiempo y así recordar momentos y sensaciones importantes. Es hacer una fotografía hecha de palabras. Hace tiempo que quiero contar esta historia, pero nunca he sabido por dónde empezar. Me ha resultado **complicado** porque todo aquello me pareció muy extraño. Fui testigo de un asesinato. No testigo directo, pero sí vi un cadáver y una desaparición. Ahora, con la **objetividad que da el tiempo**, me doy cuenta de que **hice todo lo que estuvo en mi mano** para resolver el crimen. Yo no soy policía y tampoco tengo dotes de detective. Mi único motor era el deber que tenía con doña Carmen Sanz, la mujer asesinada.

Capítulo 3

Doña Carmen

Sara, una amiga que tengo en una agencia de viajes y que me consigue muchos clientes, me llamó por teléfono aquella tarde.

—Jose —sonó su voz al otro lado del móvil—, tengo una buena noticia para ti.

—¿Trabajo? —pregunté.

—Trabajo con mayúsculas.[7] **Ha pagado por adelantado** y bastante, por cierto.

—Sí que es una buena noticia, sí. Cuenta, cuenta.

—Es una mujer de unos setenta años. Es española, pero lleva casi toda su vida en Alemania. Parece que algún amigo suyo le ha hablado bien de ti. Al final te vas a hacer famoso en Europa, y eso que no tienes **licencia**. —Sara siempre se enfada conmigo porque no me presento al examen. Dice que un día voy a **meterla en un lío**.

—Un día de éstos, Sara, y te prometo una cena si lo consigo.

—Invítame a cenar este sábado, que con lo que vas a ganar con esta clienta hasta puedo elegir restaurante —me dijo riéndose.

---

[7] Un trabajo muy bueno.

–De acuerdo, pero elijo yo, que a ti te gusta demasiado el marisco y tengo que pagar el alquiler.

–Hecho. Coge el teléfono, es el 690 543 250. Está alojada en la Pensión Mayor, en la Calle Mayor, número 10. Habitación 35. –Lo apunté y me despedí de ella hasta el sábado.

Poco después llamé a doña Carmen. Tenía una **voz cálida**. Ella me llamaba José, con tilde en la é, pero lo decía con tanta dulzura que no me sonó mal.

–Verás, José –me dijo–, yo llevo muchos años fuera de España. He vuelto para reencontrarme con el poco Madrid que recuerdo.

–¿Y qué es lo que quiere ver exactamente? –le pregunté.

–Quiero pasear, ver lo que ha cambiado y lo que no. Ah, y comer chocolate con **churros**.

–Eso es fácil: cerca de su pensión está San Ginés,[8] una de las chocolaterías más antiguas y famosas de Madrid.

–Me han dicho que eres un buen guía, diferente al resto, y es eso lo que busco. Te he dejado un sobre con dinero en la agencia. Si comemos o tomamos algo, lo pagaré yo –me explicó.

–Sí, del dinero ya me han hablado en la agencia –contesté un poco apurado, porque nunca me habían pagado por adelantado–. Pasaremos muy buenos momentos recorriendo Madrid, ya verá.

---

[8] Establecimiento muy popular y típico especializado en chocolate con churros.

—Pero sin prisa, hijo —me dijo—, que a mi edad no puedo correr mucho y menos con este calor.

Quedé con ella en ir a buscarla, a la mañana siguiente, a la pensión en la que estaba alojada. Cuando llegué a la habitación la encontré en el suelo. Estaba muerta.

Capítulo 4

Aquella mañana

A quella mañana llegué demasiado pronto, como de costumbre cuando tengo algún trabajo. Así que me tomé un café en Casa Ciriaco, que está al lado de la pensión. Casa Ciriaco es uno de los restaurantes más **castizos** de Madrid, fundado en 1917, está próximo al Ayuntamiento y es frecuentado habitualmente por conocidos políticos, artistas, escritores, periodistas, toreros, etc.

Tenía mi cita con doña Carmen a las 10 de la mañana. Terminé mi **cortado** y me dirigí a la pensión. Era una pensión antigua y con aspecto **destartalado**. "No entiendo por qué ha elegido este lugar para dormir; me ha dado mucho dinero, así que debe ser una mujer con recursos", pensé. "Tal vez la han informado mal en Alemania o ella recuerda esa pensión como un hotel bonito cuando vivía aquí".

Entré y me dirigí directamente al ascensor. Sabía en qué habitación se encontraba. Llamé varias veces a la puerta pero nadie contestó. Ni siquiera escuché pasos. Pensé que a lo mejor estaba dormida. Esperé unos minutos y volví a llamar. La puerta estaba abierta. "Doña Carmen", dije, "¿está usted ahí?". Pero nadie contestó. Abrí la puerta del todo y allí la vi. Estaba tumbada en el suelo. Tenía una herida en la cabeza y la cara llena de sangre. Me acerqué a ella. "No respira", pensé.

Capítulo 5

La escena del crimen

Doña Carmen llevaba todavía el camisón puesto. Había un jarrón en el suelo, cerca del cuerpo. Había una maleta abierta y toda la ropa de doña Carmen estaba tirada por el suelo. De su cuello colgaba un collar de perlas o lo que quedaba de él, porque estaba roto y las perlas estaban alrededor del cadáver. Junto a los pies del cadáver había un gato. Era un gato siamés. La habitación era muy pequeña y apenas había luz. Era una habitación interior. En ese momento no pensé que el asesino podría estar allí **escondido**. No sé cuánto tiempo estuve de pie, mirando a doña Carmen tirada en el suelo. Cuando pude **reaccionar** busqué el móvil para llamar a la policía, pero en ese momento recordé que lo tenía en casa. En la habitación no había teléfono. En realidad, no había nada, tan sólo una cama y una silla vieja. Me puse muy nervioso. "¿Qué hago? ¿Llamo a la policía? ¿Pero cómo?", es lo único que repetía **mentalmente**. Salí a la calle a buscar una cabina telefónica.

Capítulo 6

Encuentro con la policía

—**E**mergencias, ¿dígame?

—Han matado a una mujer. —Apenas podía hablar.

—¿Puede hablar más alto, por favor? No le oigo.

—Han matado a una mujer —repetí—. Está en la pensión.

—Deme la dirección. En breve estará allí una patrulla. —Se la di y colgué.

Al poco tiempo llegó la policía. Yo estaba esperando en la puerta de la pensión.

—¿Es usted el que ha llamado? —me preguntó uno de los agentes.

—Sí, he sido yo. Han matado a una mujer. Está arriba, en su habitación.

—Tranquilícese. ¿Es familiar suyo? ¿Su pareja?

—No, es una cliente. Soy guía turístico y ella me ha contratado.

—¿Ha visto a alguien arriba cerca del cadáver o de la habitación?

—No, no he visto a nadie. Bueno, no lo sé —respondí.

—Bueno, quédese aquí, entre en el **coche patrulla** y relájese. Vamos, Enrique, y llama a la **comisaría**

—le dijo a su compañero, y ambos entraron en la pensión.

Al poco tiempo bajaron. Estaban enfadados.

—¿Una mala noche? —me preguntó uno de los policías.

—¿Perdón? No le entiendo.

—No hay ninguna mujer muerta. Podríamos llevarle a comisaría por esto, ¿lo sabe?

—Hay una mujer muerta. Doña Carmen Sanz, habitación 35. Está ahí, yo la he visto.

—La habitación 35 está vacía, amigo. No hay rastro de cadáver, ni de sangre, ni de nada sospechoso. Nos ha hecho perder el tiempo.

—¡Es imposible! —grité.

—Mire, no sé qué le pasa, pero como siga gritando tendré que **detenerle**. Váyase y no vuelva a llamarnos. —Se montaron en el coche y se fueron.

Bajé la Calle Mayor en dirección al metro. Tenía que hablar con alguien y la única persona que podía ayudarme era Sara.

—¿Qué te pasa? Estás blanco.

Me senté en la silla y me puse a llorar. He llorado pocas veces en mi vida y ésa fue una de ellas. Sara estaba sorprendida.

—Nunca te he visto así —me dijo Sara. Estaba asustada—. ¿Qué pasa, Jose? Cuéntame, que me estás poniendo nerviosa.

—He llegado a la pensión, he subido a la habitación y estaba muerta.

—¿Muerta? ¿Qué dices? No te entiendo.

—Doña Carmen estaba en el suelo, con un golpe en la cabeza. Me he acercado y no respiraba. Estaba muerta.

Sara se puso todavía más nerviosa.

—Pero Jose, llama a la policía. Espera, que lo hago yo. —Le colgué el teléfono—. ¿Qué haces? —dijo—. ¿Te has vuelto loco?

—Ya he llamado a la policía, Sara. Han ido a la pensión, han subido a la habitación y dicen que allí no había ni nadie ni nada, ni siquiera sangre. No me han creído. Han pensado que estoy loco o **borracho**.

—Pues, olvida el tema. Déjalo. Es lo mejor.

—Eso es imposible, Sara. Tengo un **compromiso** con esa mujer.

—¿Qué compromiso? No puedes ser así, Jose. Ella te ha contratado, tú has ido a verla y ella no estaba.

—Sí estaba, Sara, pero estaba muerta.

Nos quedamos callados hasta que entró una pareja joven en la agencia.

—Perdona —dijo la chica—, ¿tenéis ofertas para **la luna de miel**?

Sara afirmó con la cabeza. En ese momento decidí marcharme.

—¿Adónde vas? —me preguntó.

—A la pensión —respondí—. Ya te lo he dicho, tengo una responsabilidad con ella.

Me despedí desde la puerta.

—No te preocupes, te llamo.

Volví a casa y cogí el móvil. Era imprescindible estar comunicado. Comprobé que no tenía llamadas.

Capítulo 8

Vuelta a la pensión

Entré en la pensión y subí a la habitación de doña Carmen. "Sí, efectivamente, la habitación está vacía; tal vez me lo he inventado", pensé. Empujé la puerta poco a poco.

–¿Busca a alguien? –escuché a mi espalda. Era un hombre de unos 40 años. No había nada especial o característico en su físico ni en su forma de vestir. Era, tal vez, demasiado normal. Tenía una **fregona** en la mano. Era el encargado de la pensión.

–Ayer vino a dormir aquí una mujer, la señora Sanz.

–A esta habitación, no. Tenía reservada la 25, una planta más abajo.

–¿25? –pregunté absolutamente **confuso**.

–Sí, una mujer mayor, de unos setenta años. Alemana, creo.

Me acerqué al ascensor para bajar al segundo piso. ¿Qué era todo esto? ¿Quién era entonces la mujer de la habitación 35? Si la policía vino, ¿a qué habitación subió? Estas y otras preguntas me llenaban la cabeza.

–Ya no está ahí –volví a escuchar al hombre cuando iba a bajar–. Se fue esta mañana. No le gustaba la habitación.

—Pero he quedado con ella esta mañana. Tengo que enseñarle Madrid. Soy su guía turístico.

—No sé qué decirle. Ella se ha ido esta mañana, sobre las 8, y no ha dejado ninguna nota, nada. —Me miró por última vez y volvió a coger la fregona para seguir limpiando el suelo.

Al otro lado del pasillo sonó una puerta. El gato siamés entraba en una habitación. Era la 38. Alguien estaba mirándonos desde allí. No me dio tiempo a ver quién era. Cogí el ascensor y salí a la calle. En ese momento me sonó el teléfono. Era ella, Carmen.

Capítulo 9

Mi conversación con Doña Carmen, después de muerta

—¿Doña Carmen? —pregunté.

—Sí, hijo. Soy yo. —La noté extraña. No era la misma voz, aunque se parecía.

—¿Qué le ha pasado? Esta mañana he ido a buscarla.

—Perdóname, pero es que he pasado muy mala noche. Me he resfriado y a mi edad cualquier constipado es muy malo. Es una pensión horrible.

—Entonces, ¿a qué hora quedamos para la visita? —le pregunté.

—No podrá ser, hijo. He decidido que voy a viajar un poco por España. Me voy al norte, que aquí hace mucho calor.

—Pero… —No me dio tiempo de contestar. Se despidió de mí y colgó el teléfono.

Me quedé como un tonto, con el móvil en la oreja y sin hablar con nadie. Cuando volví al mundo me acordé que tenía su dinero. Así que decidí llamarla.

—Doña Carmen, soy Jose. Siento molestarla, pero es que tengo los 200 euros que me ha dado por adelantado y quiero **devolvérselos**. Si no trabajo, no cobro.

—Ah, claro. Es verdad. Pues déjalo. Quédatelos, por las molestias.

–Gracias, y espero que tenga un buen viaje.

Ya no tenía duda, todo esto era muy raro. "No me ha dado 200 euros, sino 450", dije en voz baja. "Algo raro está pasando. Además, ¿quién es la mujer que he visto en la habitación?", me pregunté. Yo era su único testigo. Tenía que entrar en las dos habitaciones **sin llamar la atención**.

Capítulo 10

En busca de la verdad

Llamé a Sara. Era la única que podía ayudarme a entrar a la pensión. Me costó **convencerla**, pero al final **accedió**.

–Sólo tienes que entrar y pedir ver una habitación –le expliqué. Así tendré la entrada libre.

Primero fui a la habitación 25. Sara y el encargado estaban en la tercera planta. La puerta estaba cerrada con llave y, como detective principiante, es algo en lo que no pensé. En ese momento recordé algo que me sucedió hace tiempo. Me dejé las llaves dentro de casa y el portero consiguió abrir la puerta con una tarjeta de crédito. Así que saqué mi Visa. Ya no valía porque no la usaba para sacar dinero (estaba en **números rojos**).

La puerta se abrió. La habitación estaba vacía. El único mueble de toda la habitación, junto a la cama, era una pequeña **cómoda**. Estaba llena de polvo. Además, olía a cerrado. "Creo que aquí no ha dormido nadie desde hace mucho tiempo", pensé. Así que decidí subir a la habitación en la que me había encontrado a aquella mujer en el suelo.

Sara y el encargado ya habían salido de la planta, lo que me daba total libertad para moverme por allí. Volví a utilizar la tarjeta, pero esta vez con la habitación número 35. La ventana estaba abierta. Había un fuerte

olor a **lejía**. Miré por toda la habitación. Tampoco había nada, **ni rastro de** aquella mujer. Me senté en la cama completamente perdido. No sabía qué hacer. Miré hacia el fondo de la habitación y vi algo que brillaba. Era una perla. Me quedé helado. Tenía la esperanza de haberlo inventado todo, pero ahí estaba la prueba de que lo que había visto era cierto.

Salí de la habitación. El siamés me miraba desde un rincón del pasillo. Sin saber muy bien por qué me acerqué al número 38 y llamé a la puerta. Un hombre mayor contestó al otro lado.

–Perdone –le dije–, estoy buscando...

–Yo no la he visto. Váyase.

–No le he dicho a quién estaba buscando... así que creo que sabe de lo que hablo.

Abrió la puerta y me dejó pasar.

La habitación estaba casi a oscuras y había como unos cinco o seis gatos durmiendo en diferentes lugares del **cuarto**.

–Llegó ayer –me dijo en voz baja–. Era una mujer mayor muy elegante.

–¿Sabe cómo se llamaba? –le pregunté.

–No. Traía muchas maletas. Era muy guapa.

–¿Si le enseño una fotografía, podría reconocerla?

Asintió con la cabeza.

–¿Escuchó algo? ¿Sabe si salió esta mañana? ¿La acompañó el encargado hasta la habitación?

–Déjeme. No sé nada.

Comenzó a ponerse nervioso y me echó de la habitación. Con los nervios, llamé a doña Carmen, quería preguntarle su número de habitación. El teléfono estaba apagado. Al salir, me escondí del encargado. Sara ya había vuelto a la agencia.

Capítulo

La fotografía de Carmen

L a única forma de saber si la mujer de la habitación era doña Carmen o no era consiguiendo una fotografía suya, y mi único contacto seguía siendo Sara.

–¿Cómo ha ido todo? ¿Has conseguido entrar? –me preguntó nada más verme.

–Sí, y he encontrado una prueba. Una perla del collar que tenía la mujer en el cuello –le expliqué–. Ahora debo conseguir una foto de doña Carmen. Hay un vecino que la vio entrar y quiero enseñársela para comprobar si era ella o no.

–Doña Carmen no puede ser. Te llamó por teléfono.

–Sí, pero no sabía la cantidad de dinero que me había pagado. Bueno, ¿tienes una foto suya o sabes cómo conseguirla?

–Espera que mire en la carpeta. –Sara se puso a buscar en las carpetas del armario–. Aquí está. Es una fotocopia de pasaporte. No se ve bien, pero seguro que te sirve.

–Gracias, Sara. Quería pedirte algo más.

–Dime –**suspiró**. Parecía cansada de todo esto. Yo creo que no **confiaba** mucho en mí.

–¿Puedes llamar a su amigo alemán y preguntarle más cosas sobre Carmen?

–Vale. Luego te llamo y te cuento qué me ha dicho.

Capítulo 12

¿Quién miente?

C ogí la copia y salí hacia la pensión. Cuando llegué, el encargado no estaba, así que pude pasar sin problemas. Llamé a la puerta y el hombre de la habitación 38 contestó.

—¿Usted otra vez?

—He traído la fotografía —le dije.

—Pásemela por debajo de la puerta. —Lo hice y fue cuando escuché al otro lado la frase que estaba **temiendo** escuchar.

—Es ella.

Bajé las escaleras completamente **confuso**. Decidí esperar al encargado. Tenía que explicarme por qué me había mentido. A los pocos minutos llegó.

—¿Qué quiere? —me preguntó **con cara de pocos amigos**.

—Doña Carmen se **ha alojado** en la habitación 35. Me lo ha confirmado un vecino —especifiqué.

—Sí, el loco de los gatos. Ese hombre no es un buen testigo. Además, yo no ganaría nada con mentirle a usted.

—¿Puede hablarme de los **inquilinos** de la pensión? —le pregunté.

—Apenas hay inquilinos. El de la 38 y yo. Aquí la

gente coge las habitaciones por horas.

—¿Alguna señora mayor?

En ese momento entró una mujer mayor por la puerta. "Lorenzo, hijo, ayúdame con la compra", le dijo al encargado.

Me quedé en silencio. Sabía que aquellos dos eran **culpables**. Sólo tenía que demostrarlo.

Capítulo **13**

Berta, la sobrina de doña Carmen

S alí de la pensión, fui andando hasta Embajadores y me subí al Circular[9] (cuando tengo que pensar suelo subirme en este autobús; me gusta **dar vueltas** por Madrid). Cuando estaba llegando a Colón, me llamó Sara.

—Hola, Jose. Ya he conseguido hablar con Alemania.

—Cuéntame. ¿Buenas noticias?

—Al parecer, doña Carmen tiene una sobrina. Se llama Berta y vive en la sierra, en Hoyo de Manzanares.[10]

—¿Tienes su número de teléfono?

—Sí, te lo mando por **sms**, porque no lo tengo ahora mismo delante, y así lo tienes apuntado.

—Perfecto, Sara. Muchas gracias. Luego te llamo.

—Hasta luego.

Me bajé del autobús y volví a casa dando un paseo. Necesitaba tranquilidad para llamar a Berta. Además, había sido un día muy difícil. Sobre las diez de la noche decidí llamarla. No era sencillo explicarle quién era yo y por qué la telefoneaba.

—¿Sí? —escuché al otro lado del teléfono.

---

[9] Autobús que recorre casi todo Madrid y tiene un recorrido circular.

[10] Pueblo de la sierra norte de Madrid.

31

—Perdone, ¿es usted Berta? ¿La sobrina de Doña Carmen Sanz? —le pregunté.

—Sí, soy yo. ¿Le ha pasado algo?

—No, no se preocupe —**mentí**—. Tenía la esperanza de estar equivocado—, pero me gustaría hablar con usted. Soy Jose García, el guía turístico que ha contratado su tía.

—¿Y para qué quiere hablar conmigo? Me está asustando.

—No, sólo quería comentarle algo que había notado en su tía —seguí mintiendo.

—Yo soy correctora de textos y trabajo desde casa, así que, si no le importa, ¿podría subir usted aquí?

—Sí, claro.

—Vivo en Hoyo de Manzanares. Hay un autobús directo desde el intercambiador de Moncloa.[11] Podemos quedar a las doce en el bar El Cerrillo. Está a la entrada del pueblo. Pregunte por él, todo el mundo lo conoce —me explicó.

—Perfecto, ahí estaré. Hasta mañana, y no se preocupe —mentí de nuevo.

---

[11] Lugar en Madrid donde se reúne la mayoría de los autobuses de la zona noroeste de la ciudad.

Capítulo 14

Café con Berta

Llegué a Hoyo de Manzanares a eso de las once y media. "Me gusta este pueblo", pensé. "Las casas son de piedra, como en la mayoría de los pueblos de la sierra, pero no está tan abarrotado; tan lleno de casas y de gente. Creo recordar que está prohibido construir más porque está dentro del Parque Natural del Guadarrama, así que hay muchos espacios verdes. Es realmente bonito".

Me senté en la **terraza** del bar. Estaba rodeada de árboles y parecía tranquila. Pedí una caña con limón. El sol y el calor invitaban a ello.

Al cabo de un rato llegó una chica de unos 30 años. Era pelirroja, tenía los ojos verdes y la mirada dulce. Se puso delante de mí y me preguntó:

–¿Eres Jose García?

–Sí –contesté.

Se sentó y pidió al camarero un café con leche en vaso largo. Se la notaba cansada.

–He pasado muy mala noche. Me dejaste preocupada –dijo en voz baja–. Además, llamé a mi tía y no me cogía el teléfono.

Tomé un trago de cerveza para coger fuerza y comencé a hablar. Le expliqué que su tía me había contratado. Le conté como llegué a su habitación y me

encontré a una mujer muerta en el suelo. Ella me escuchaba con atención. Le relaté cómo descubrí la perla y lo que me dijo el hombre de la habitación 38 cuando vio la fotocopia del pasaporte. Cuando terminé de contárselo, miró hacia el café. La notaba triste. Estuvimos callados unos cinco minutos. Al fin, rompió el silencio.

–No me ha llamado estos días y eso me ha extrañado. Ella ha venido a verme a mí. Bueno, vino a verme a mí. –Volvió a mirar hacia abajo.

–Y ¿por qué se alojaba en esa pensión? No es un lugar especialmente limpio o cómodo –dije.

–Ésa fue su casa cuando era pequeña. Vivió allí los primeros diez años de su vida. Era un viaje sentimental.

–¿Tenía algún otro familiar o conocido aquí? No sé, alguien con quien...

–Mi tía era una mujer muy querida por todos. Sólo tenía amigos –me interrumpió.

–Ya, pero alguien debe tener un motivo para hacer lo que ha hecho –comenté. Ninguno de los dos queríamos decir la palabra muerte, cadáver o asesinato.

–Es una mujer muy rica, pero nadie la conocía en España. Sólo me tenía a mí –**insistió**.

Los dos nos quedamos pensando. Cada uno miraba hacia un lugar de la terraza. Yo me fijé en un niño de unos tres años que jugaba con otro. Fue entonces cuando me di cuenta.

–Ya sé quién es el asesino y sé lo que ha hecho –pensé al ver a los niños jugar con dos **caretas** de plástico.

Capítulo 15

Mi investigación junto a Berta

L e hablé a Berta de mis sospechas respecto al encargado de la pensión y su madre. Entre los dos pensamos que ella debía ir allí para preguntar por su tía. Pero nos pareció demasiado peligroso.

–Eres la única sobrina de doña Carmen –le dije–. Me parece peligroso. Tal vez es mejor entrar en su casa, si salen.

–Sí, tienes razón. Debemos buscar pruebas.

Berta y yo quedamos al día siguiente frente a la pensión. Hay un bar, en la acera de delante desde el que se ve la puerta de la pensión. Allí estuvimos los dos, charlando y vigilando la puerta. Yo estaba muy cómodo con ella. Me gustaba escucharla, mirarla, fijarme en ella atentamente. Sentía haberla conocido en esas circunstancias, pero me encantaba haberla conocido de todos modos.

–Mira, ahí salen –dijo ella. Salían los dos a la calle. Lorenzo llevaba el **carro de la compra**. Supongo que se dirigieron al mercado de San Miguel.

–Vamos para allá. –Me levanté y pagué los cafés.

Capítulo

En casa de Lorenzo

E ntramos en casa del encargado. Era una casa muy antigua y no parecía cuidada.

—¿Qué estamos buscando? –me preguntó Berta.

—Papeles de tu tía –dije–. Pruebas, no sé.

—Tú busca en los cajones y yo lo hago en los armarios del dormitorio –dijo ella.

Durante un buen rato estuvimos los dos callados buscando. Al final oí la voz de Berta desde la habitación. Estaba asustada.

—Jose, ven, por favor.

Fui a la habitación. Berta estaba delante de una maleta abierta.

—Esta maleta es de mi tía.

—¿Cómo lo sabes? –le pregunté.

—Éstos son sus papeles. Está escrito su nombre.

En ese momento escuchamos la puerta. Guardamos la maleta, cogimos los papeles y nos escondimos debajo de la cama.

La mujer entró en la habitación.

—Lorenzo –gritó la mujer. Ayúdame a **desvestirme**. Es que eres un **inútil**. Tengo que decírtelo todo.

—Lo siento, madre.

—Llevo toda la vida **cuidándote** y así me lo agradeces.

La mujer se acostó. Berta y yo nos quedamos bajo la cama en silencio. Lorenzo salió de la casa, pero la mujer estaba en la cama. Era imposible salir. Esperamos unos veinte minutos, y entonces empezó a **roncar**. Estaba dormida.

—Vamos, Jose —me dijo Berta—. Ya se ha dormido.

Salimos despacio y en silencio.

Capítulo 17

En el despacho del abogado

Berta me habló del abogado de su tía. Ella lo conocía y él conocía a doña Carmen. Lo llamó por teléfono y quedamos con él.

Entramos en el despacho y saludamos al abogado. Se llamaba Miguel. Era un hombre joven, muy delgado y bastante alto. Berta le contó todo lo sucedido.

–Parece una novela de detectives, Berta –dijo Miguel. No creía mucho la historia.

–¿Qué crees que podemos hacer? –preguntó ella.

–Yo conozco a tu tía. –A continuación me miró para explicarme–. Fui a Alemania a verla para tratar con ella algunos asuntos. Voy a llamarla. **Concertaré una cita** para hablar con ella. Entonces sabremos si es ella o no.

Cogió el teléfono y la llamó.

–¿Doña Carmen? –preguntó–. Soy Julio, su abogado. Tengo que hablar con usted sobre un asunto muy importante.

Estaba escuchando. Puso cara de extrañado.

–¿No recuerda mi dirección? –preguntó–. Pues estoy en la Carrera de San Jerónimo, 16. Perfecto. Hoy a las cinco.

Berta y yo fuimos a comer y así **hacer tiempo**

hasta las cinco. Estábamos muy nerviosos. Decidimos comprar unos bocadillos y bajar hasta el Campo del Moro[12] para comerlos. Estar entre árboles nos relajaba.

–Tengo miedo, Jose –dijo Berta–. Todavía tengo esperanza...

–Lo sé. Ya estamos cerca de descubrir la verdad.

Nos quedamos los dos en silencio mirando hacia el Palacio Real.[13]

---

[12] Jardines públicos situados a los pies del Palacio Real.

[13] Palacio construido en 1755 por Felipe V utilizado como residencia de los reyes. En la actualidad sólo se usa en ceremonias oficiales.

Capítulo 18

El momento de la verdad

A las cinco menos diez llegamos al despacho de Julio. Nos sentamos esperando a doña Carmen o a una **impostora**.

A las cinco entró la secretaria.

—Julio, hay una mujer que pregunta por ti.

—Que pase, que pase.

Berta y yo nos quedamos callados mirando a la mujer entrar. Ahí estaba.

—Pase y siéntese —dijo Julio. Perdone un momento, que voy a hacer una llamada.

Julio descolgó el teléfono.

—¿Policía? Quiero denunciar un asesinato. En mi despacho está la asesina.

La madre de Lorenzo se puso muy nerviosa. Intentó salir del despacho. Salté a la puerta y me puse delante de ella.

—Vamos a esperar a la policía —dije—. Tiene que dar explicaciones.

Capítulo 19

Reunión con la policía

Cuando llegó la policía le conté todo lo que sabía. El agente llamó a la central.

—Tenéis que ir a la Calle Mayor, 10, a detener a Lorenzo López.

Colgó el teléfono.

—¿Tiene algo que decir? —le preguntó el policía a la madre de Lorenzo.

—Esa mujer tenía cáncer. Ella me lo pidió. Yo no soy culpable de nada.

—Es culpable de usar sus tarjetas de crédito, de utilizar la identidad de otra persona para sacar dinero —afirmó Julio—. Tengo aquí los datos —le dijo al policía.

—Venga con nosotros a la comisaría. Y ustedes también —nos dijo a Berta y a mí.

Le puso las esposas a la madre de Lorenzo y salimos a la calle. Llegamos a la comisaría. Lorenzo lo contó todo. Doña Carmen les contó su viaje a España. Explicó como su madre subió a la habitación y le dio un golpe en la cabeza. Su madre aún era joven, tenía unos cincuenta años y era una mujer fuerte. Escondieron el cuerpo en una habitación de la pensión. Pensaban sacar todo el dinero e irse de España.

Berta se puso a llorar.

Capítulo 20

Berta

Llamé a Berta una semana después del **funeral**.

—Hola, Berta, soy Jose. ¿Cómo estás?

—Bien, más relajada. Triste, pero más tranquila. Gracias por tu ayuda.

—Era mi deber, Berta. Sólo he hecho lo que debía.

Nos quedamos en silencio. Era el momento de decir el motivo de mi llamada. La verdad es que me gustaba mucho y quería seguir viéndola.

—¿Te gusta la carne a la piedra? —le pregunté—. Conozco un sitio muy bueno en Vallecas.

—Invito yo —respondió ella.

Actividades
Sobre la lectura

Capítulo 1. Presentación

A) Lee el texto y completa la ficha de Jose.

Nombre: Jose

Edad: _____

Profesión: _____

Lugar de residencia: _____

Gustos y aficiones: _____

B) Escribe en el recuadro junto a cada frase una V si es verdadera o una F si es falsa.

☐ Jose cree que su barrio es muy bonito.

☐ Jose cree que los extranjeros prefieren visitar los monumentos del centro de Madrid.

☐ Jose cree que los madrileños llevan una vida muy tranquila.

☐ Jose cree que ser guía es un trabajo muy importante.

Capítulo 2. Razones

Lee el texto y contesta a las siguientes preguntas.

¿A Jose le gusta escribir? ¿Por qué?

_____

¿De qué fue testigo Jose?

_____

A c t i v i d a d e s
Sobre la lectura

Capítulo 3. Doña Carmen

A) Lee el texto y contesta a las siguientes preguntas.

¿Quién es Sara?

¿Por qué llama Sara a Jose?

¿En qué consiste el trabajo?

B) Completa las siguientes frases sobre doña Carmen.

Doña Carmen es de _____

Doña Carmen vive en _____

Doña Carmen quiere en Madrid _____

Doña Carmen se aloja en _____

Capítulo 4. Aquella mañana

Enumera las acciones de Jose en orden cronológico.

☐ Llamó a la puerta de la habitación.

☐ Llegó a la calle mayor.

☐ Entró en la pensión.

☐ Vio a una mujer muerta en el suelo.

☐ Abrió la puerta.

☐ Se montó en el ascensor.

☐ Se tomó un café en Casa Ciriaco.

A c t i v i d a d e s
Sobre la lectura

Capítulo 5. La escena del crimen

Escribe en la ilustración los siguientes nombres al lado del objeto correspondiente.

Camisón

Collar de perlas

Cadáver

Jarrón

Cama

Maleta

Silla

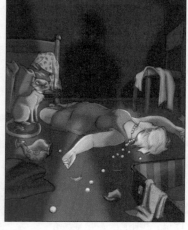

Capítulo 6. Encuentro con la policía

Lee el texto y escribe lo que ha visto Jose y lo que ha visto la policía.

Lo que ha visto Jose

Lo que ha visto la policía

A c t i v i d a d e s
Sobre la lectura

Capítulo 7. La ayuda de Sara

Escribe una V al lado de las frases que son verdaderas.

Sara quiere:

    Llamar a la policía

    Ir a ver a la policía

    Llamar a doña Carmen

    Olvidar el tema

    Seguir con el caso

Jose dice:

    Que la policía le ha creído

    Que la policía no le ha creído

    Que va a investigar

    Que va a olvidar todo el asunto

Capítulo 8. Vuelta a la pensión

Escribe lo que ha dicho el encargado sobre lo siguiente:

La habitación de doña Carmen

La salida de la pensión

Una nota para Jose

Capítulo 9. Mi conversación con doña Carmen después de muerta

Coloca las siguientes frases en el lugar correspondiente según quien las ha dicho:

Doña Carmen	Jose

Quiere viajar por España

No quiere quedar

Quiere quedar

Quiere devolver el dinero

No quiere el dinero

No conoce la cantidad de dinero

Capítulo 10. En busca de la verdad

Completa las frases con las acciones que hizo Jose. Están en orden cronológico.

Fue _____

Abrió _____

Entró _____

Subió _____

Abrió _____

Encontró _____

Habló _____

Capítulo 11. La fotografía de doña Carmen

Resume lo que le cuenta y le pide Jose a Sara.

Le cuenta que _____

_____

Le pide _____

_____

Capítulo 12. ¿Quién miente?

Escribe lo que dice el inquilino de la habitación número 38.

_____

_____

_____

Ahora escribe lo que dice el encargado.

_____

_____

_____

¿Quién crees que miente de los dos? ¿Por qué?

_____

_____

_____

Capítulo 13. Berta, la sobrina de doña Carmen

Completa la ficha sobre Berta.

Nombre: Berta

Lugar de residencia: _____

Profesión: _____

Relación con doña Carmen: _____

¿Cómo ha reaccionado ante la llamada de Jose?

_____

_____

_____

Capítulo 14. Café con Berta

A) Busca en la siguiente sopa de letras seis características de Hoyo de Manzanares y de Berta.

T	H	P	G	R	O	A	M	D	L	X	T	R	E	I	N	T	A	Ñ	E	R	A	L
R	M	J	O	B	L	R	L	X	O	C	L	A	Q	K	E	O	B	L	D	O	L	S
A	D	L	O	B	R	L	C	O	G	Ñ	A	O	S	X	Ñ	L	A	O	K	D	O	B
N	L	A	I	D	O	S	L	C	O	D	L	N	B	L	O	S	J	K	D	L	P	O
Q	U	E	P	E	U	R	L	X	O	U	V	P	E	L	I	R	R	O	J	A	E	Y
T	U	R	E	S	O	J	Q	U	E	R	N	L	U	B	O	N	H	O	X	P	Q	U
U	Y	B	B	V	R	N	Q	O	U	E	G	O	N	X	M	A	N	X	T	E	S	R
I	Y	T	J	G	O	B	U	E	L	U	B	O	E	L	N	R	Ñ	D	U	L	C	E
L	A	S	R	O	T	L	O	S	R	O	B	O	N	O	H	H	U	O	S	B	L	N
O	J	O	S	V	E	R	D	E	S	T	E	Q	U	E	R	I	O	R	S	T	B	R
G	U	O	N	R	L	O	N	A	P	E	Q	U	E	Ñ	O	T	U	L	O	P	R	U

Actividades
Sobre la lectura

B) ¿Qué crees que ha pensado Jose al ver a los niños? Márcalo.

☐ Que alguien se ha hecho pasar por doña Carmen.

☐ Que doña Carmen ha decidido desparecer.

☐ Que doña Carmen ha tomado la identidad de otra persona.

Comprueba tus hipótesis al terminar el libro.

Capítulo 15. Mi investigación junto a Berta

Busca en el texto y escribe:

Un sinónimo de *hablar*: ---

Un sinónimo de *observar a alguien*: --

Un sinónimo de *tranquilo y relajado*: --

Capítulo 16. En casa de Lorenzo

A) ¿Qué ha encontrado Berta? Márcalo.

☐ Una fotografía de su tía

☐ La ropa de su tía

☐ Los papeles de su tía

☐ El collar de perlas

B) ¿Cómo crees que es la madre de Lorenzo? Márcalo.

☐ Dulce   ☐ Mala persona   ☐ Simpática

☐ Buena persona   ☐ Autoritaria   ☐ Antipática

Actividades
Sobre la lectura

Capítulo 17. En el despacho del abogado

Marca con una X quién hace o dice lo siguiente:

	Jose	Berta	Julio
Entra en el despacho			
Piensa que todo es inventado			
Llama por teléfono a doña Carmen			
Queda con doña Carmen			
Come un bocadillo			
Pasea por el Campo del Moro			

Capítulo 18. El momento de la verdad

Contesta a las siguientes preguntas:

¿Por qué llama Julio a la policía? _____

_____

¿Qué crees que significa *impostor*? _____

_____

Capítulo 19. Reunión con la policía

Imagina que eres el policía. Completa el siguiente esquema para escribir el informe.

Tipo de crimen: _____

Nombre de la víctima: _____

Nombre del criminal: _____

Móvil del crimen (¿por qué la ha matado?): _____

_____

Lugar del cuerpo: _____

Actividades
Después de la lectura

¿Qué te ha parecido la lectura?

☐ Aburrida   ☐ Interesante

☐ Difícil   ☐ Fácil

¿Qué es lo que más te ha gustado? ¿Y lo que menos? ¿Por qué?

¿Qué lugares de Madrid que se nombran en la lectura te apetece visitar? ¿Por qué?

¿Qué crees que pasará entre Jose y Berta? ¿Por qué la invita a cenar?

Ahora te toca a ti. Mira el capítulo 1 y escribe tu propia presentación.

Soluciones

Antes de la lectura

1. Mira el dibujo de la portada. Crees que es:

Una historia de misterio

2. Antes de empezar hay un vocabulario básico habitual en este tipo de historias que debes conocer. De todas estas palabras que te presentamos, marca diez que están relacionadas con las novelas de detectives.

Culpable Asesino ~~Pensión~~ Crimen
Habitación Testigo Asesinato ~~Dinero~~
Cadáver Matar Investigación ~~Ascensor~~
Prueba Sospechoso Gato ~~Personaje~~

3. Lee las siguientes seis definiciones. Escribe en el lugar correspondiente la palabra definida. Las palabras pertenecen a la actividad anterior.

Testigo: Persona que está presente en una situación.

Asesinato o crimen: Resultado de matar a alguien.

Sospechoso: Persona que por su comportamiento parece culpable de algún acto.

Asesino: Persona que mata a otra.

Investigación: Medio que demuestra la verdad o la mentira de algo.

Culpable: Persona que ha hecho un daño o mal.

Durante de la lectura

Capítulo 1. Presentación

A)

Nombre: *Jose*
Edad: *32 años*
Profesión: *Guía turístico*
Lugar de residencia: *Madrid (Vallecas)*
Gustos y aficiones:
Es aficionado al fútbol. Suele viajar a un pueblo de Zamora para descansar.
Le gusta recorrer Madrid.
Le gusta leer el periódico los domingos.

B)

Jose cree que su barrio es muy bonito. F

Jose cree que los extranjeros prefieren visitar los monumentos del centro de Madrid. V

Jose cree que los madrileños llevan una vida muy tranquila. F

Jose cree que ser guía es un trabajo muy importante. V

Soluciones

Capítulo 2. Razones

¿A Jose le gusta escribir? ¿Por qué?

Escribe porque le gusta recordar momentos y sensaciones importantes.

¿De qué fue testigo Jose?

Del asesinato de una mujer, aunque no testigo directo.

Capítulo 3. Doña Carmen

A)

¿Quién es Sara?

Es una amiga de Jose.

¿Por qué llama Sara a Jose?

Porque tiene un trabajo para él.

¿En qué consiste el trabajo?

Ser guía de una mujer mayor llamada Carmen.

B)

Doña Carmen es *de Madrid o de España.*

Doña Carmen vive *en Alemania.*

Doña Carmen quiere en Madrid *ver lugares que recuerda para ver cómo ha cambiado y comer chocolate con churros.*

Doña Carmen se aloja *en un pensión, en la Calle Mayor, número 10.*

Capítulo 4.

Llamó a la puerta de la habitación. 5

Llegó a la calle mayor. 1

Entró en la pensión. 3

Vio a una mujer muerta en el suelo. 7

Abrió la puerta. 6

Se montó en el ascensor. 4

Se tomó un café en Casa Ciriaco. 2

Capítulo 5. La escena del crimen

Camisón   Jarrón   Maleta

Collar de perlas   Gato

Cadáver   Cama   Silla

Soluciones

Capítulo 6. Encuentro con la policía

Lo que ha visto Jose

Una mujer muerta en el suelo.

La habitación estaba desordenada.

Había un collar roto.

Lo que ha visto el policía

No ha visto nada.

Capítulo 7. La ayuda de Sara

Sara quiere:

Llamar a la policía V

Ir a Ver a la policía F

Llamar a doña Carmen F

Olvidar el tema V

Seguir con el caso F

Jose dice:

que la policía le ha creído F

que la policía no le ha creído V

que va a investigar V

que va a olvidar todo el asunto F

Capítulo 8. Vuelta a la pensión

La habitación de doña Carmen. *La habitación era el número 25 y no 35.*

La salida de la pensión. *Ha salido esa misma mañana temprano.*

Una nota para Jose. *No ha dejado ninguna nota.*

Capítulo 9. Mi conversación con doña Carmen después de muerta

Doña Carmen

Quiere viajar por España

No quiere quedar

No quiere el dinero

No conoce la cantidad de dinero

Jose

Quiere quedar

Quiere devolver el dinero

Capítulo 10. En busca de la verdad

Fue *a la habitación número 25.*

Abrió *la puerta con una tarjeta Visa.*

Entró *en la habitación número 25.*

Subió *a la tercera planta.*

Abrió *la puerta de la habitación número 35.*

Encontró *una perla del collar.*

Habló *con el hombre de la habitación 38.*

Soluciones

Capítulo 11. La fotografía de doña Carmen

Le cuenta que ha encontrado una perla del collar y que ha hablado con un inquilino de la habitación 38.

Le pide una fotografía de doña Carmen.

Capítulo 12. ¿Quién miente?

El inquilino dice *que ha visto a una mujer mayor en la habitación 35. Esa mujer es la misma que la mujer de la fotografía.*

El encargado dice *que sólo hay dos inquilinos en la pensión y que el hombre de la habitación número 38 miente.*

¿Quién crees que miente de los dos? ¿Por qué?

Respuesta libre.

Capítulo 13. Berta

Nombre: *Berta*

Lugar de residencia: *Hoyo de Manzanares*

Profesión: *Correctora de textos*

Relación con doña Carmen: *Es su sobrina. Doña Carmen es su tía.*

¿Cómo ha reaccionado ante la llamada de Jose?

Estaba nerviosa y triste.

Capítulo 14. Café con Berta

A)

```
T H P G R O A M D L X T R E I N T A Ñ E R A L
R M J O B L R L X O C L A Q K E O B L D O L S
A D L O B R L C O G N A O S X N L A O K D O B
N L A I D O S L C O D L N B L O S J K D L P O
Q U E P E U R L X O U V P E L I R R O J A E Y
T U R E S O J Q U E R N L U B O N H O X P Q U
U Y B B V R N Q O U E G O N X M A N X T E S R
I Y T J G O B U E L U B O E L N R N D U L C E
L A S R O T L O S R O B O N O H H U O S B L N
O J O S V E R D E S T E Q U E R I O R S T B R
G U O N R L O N A P E Q U E Ñ O T U L O P R U
```

B)

✔ Que alguien se ha hecho pasar por doña Carmen.

– Que doña Carmen ha decidido desparecer.

– Que doña Carmen ha tomado la identidad de otra persona.

Capítulo 15. Mi investigación junto a Berta

Un sinónimo de hablar: *Charlar*

Un sinónimo de observar a alguien: *Vigilar*

Un sinónimo de tranquilo y relajado: *Cómodo*

Soluciones

Capítulo 16. En casa de Lorenzo

A)

- Una fotografía de su tía
- La ropa de su tía
- ✔ Los papeles de su tía
- El collar de perlas

B)

- Dulce   ✔ Mala persona   – Simpática
- Buena persona   ✔ Autoritaria
- ✔ Antipática

Capítulo 17. En el despacho del abogado

	Jose	Berta	Julio
Entra en el despacho	X	X	
Piensa que todo es inventado			X
Llama por teléfono a doña Carmen			X
Queda con doña Carmen			X
Come un bocadillo	X	X	
Pasea por el Campo del Moro	X	X	

Capítulo 18. El momento de la verdad

¿Por qué llama Julio a la policía?

Porque se ha dado cuenta de que esa mujer no es doña Carmen.

¿Qué crees que significa *impostor*?

Un impostor es una persona que se hace pasar por otra para aprovecharse de su cargo, su dinero u otra cosa.

Capítulo 19. Reunión con la policía

Tipo de crimen: *Asesinato*

Nombre de la víctima: *Doña Carmen*

Criminales: *Lorenzo y su madre*

Móvil del crimen (¿por qué la ha matado?) *Coger el dinero*

Lugar donde está el cuerpo: *Una habitación de la pensión*

G l o s a r i o

Capítulo 1. Presentación

Por mi cuenta (trabajar): Cuando no se trabaja para una institución o una empresa.

Ganarse la vida: Obtener lo necesario para vivir, trabajar.

Con devoción: Con gran interés y entusiasmo.

Admirar: Mirar con interés y pasión. Se suele admirar a personas o paisajes.

(Ritmo) frenético: Excesivamente rápido y agitado.

Títere: Muñeco que se mueve por medio de hilos.

Vermú: Bebida alcohólica compuesta de vino y ciertas hierbas que suele tomar antes de comer.

Tapa: Alimento que se suele tomar para acompañar la bebida. Suele ser chorizo, tortilla, jamón, queso, paella o aceitunas.

Capítulo 2. Razones

Complicado: Difícil.

Con la objetividad que da el tiempo: Cuando se puede contar algo sin la influencia de los sentimientos.

Hacer todo lo que está en la mano de alguien: Hacer todo lo posible.

Capítulo 3. Doña Carmen

Pagar por adelantado: Pagar antes de hacer el trabajo.

Licencia: Permiso o autorización legal para desempeñar un trabajo o una actividad.

Meterse en un lío: Tener un problema complicado.

Churro: Masa de harina con forma alargada y casi circular frita en aceite. Se suele tomar caliente como merienda o desayuno. En la merienda se suele acompañar de chocolate líquido y en el desayuno de café.

Capítulo 4. Aquella mañana

Castizo: Que tiene los aspectos más característicos de un lugar.

Cortado: Café con poca leche. Se suele servir en una taza pequeña.

Destartalado: Que está muy mal cuidado, viejo o roto.

Capítulo 5. La escena del crimen

Escondido: Estar oculto para no ser visto.

Reaccionar: Responder o actuar como respuesta a algo, ante una situación.

Repetir mentalmente: Pensar lo mismo varias veces.

Capítulo 6. Encuentro con la policía

Emergencias: Conjunto de personas e instalaciones que existen en las comisarías y otros lugares para tratar temas urgentes.

Agente (de policía): Persona que trabaja para la seguridad de los ciudadanos.

Glosario

Coche patrulla: Coche utilizado por la policía.

Comisaría: Lugar donde trabaja la policía.

Detener a alguien (la policía): Llevar a comisaría y retener a alguien por un período corto de tiempo.

Capítulo 7. La ayuda de Sara

Borracho: Que ha bebido demasiado alcohol.

Compromiso: Obligación o responsabilidad que se contrae con alguien.

Luna de miel: Viaje que hace una pareja de novios después de casarse.

Capítulo 8. Vuelta a la pensión

Fregona: Objeto que sirve para limpiar el suelo con agua.

Confuso: Que no tiene las cosas claras.

Capítulo 9. Mi conversación con doña Carmen, después de muerta

Devolver: Dar a una persona lo que nos ha dado anteriormente.

Sin llamar la atención: Sin atraer la atención de los demás.

Capítulo 10. En busca de la verdad

Convencer a alguien: Conseguir que una persona haga algo que queremos.

Acceder: Aceptar lo que otra persona pide.

Números rojos (estar en): Estar sin dinero en el banco. Con saldo negativo, con deudas.

Cómoda: Mueble ancho con cajones que se utiliza para guardar ropa.

Lejía: Líquido para lavar ropa blanca y desinfectar.

Ni rastro de: Sin señales.

Cuarto: Habitación.

Capítulo 11. La fotografía de doña Carmen

Suspirar: Respirar profunda y ruidosamente.

Confiar: Estar seguro en cuanto a las cualidades propias o de otras personas.

Capítulo 12. ¿Quién miente?

Temer: Tener miedo.

Estar confuso: No tener las cosas claras.

Tener cara de pocos amigos: Tener expresión de enfado.

Alojarse: Vivir durante un tiempo en una casa o en un lugar que pertenece a otra persona.

Inquilino: Persona que alquila un lugar para vivir en él.

Culpable: Que ha hecho una cosa que ha hecho daño. Que ha cometido un delito.

Glosario

Capítulo 13. Berta, la sobrina de doña Carmen

Dar vueltas: Andar de un lugar a otro sin un destino exacto.

Mentir: Decir una cosa que no es verdad.

sms: Mensaje de texto de teléfono móvil.

Capítulo 14. Café con Berta

Terraza: Lugar en una calle situado junto a un café o un bar y destinado a colocar mesas para los clientes.

Insistir: Repetir algo porque nos parece importante.

Careta: Objeto que sirve para cubrirse la cara. Se suele utilizar en fiestas de disfraces o en Carnaval.

Capítulo 15. Mi investigación junto a Berta

Carro de la compra: Bolsa sobre una estructura metálica con ruedas de la que se tira y que se utiliza para meter la compra dentro.

Capítulo 16. En casa de Lorenzo

Desvestirse: Quitarse la ropa.

Ser un inútil: No servir para nada. Es muy despectivo.

Cuidar a alguien: Tener interés por alguien. Mostrar interés.

Roncar: Hacer ruido al respirar mientras se duerme.

Capítulo 17. En el despacho del abogado

Concertar (una cita): Acordar entre dos o más personas un lugar y una hora para tener una cita.

Hacer tiempo: Hacer algo sin importancia hasta una hora determinada.

Capítulo 18. El momento de la verdad

Impostor: Persona que roba la identidad de otra.

Capítulo 20. Berta

Funeral: Celebración religiosa que tiene lugar después de la muerte de una persona.

Colección